Origami

Origami

Kleine Kunstwerke aus Papier

Ravensburger Buchverlag

Bibliografische Information Der Deutschen Bibliothek

Die Deutsche Bibliothek verzeichnet diese Publikation
in der Deutschen Nationalbibliografie;
detaillierte bibliografische Daten sind im Internet über
http://dnb.ddb.de abrufbar.

04 03 02 01   10 09 08 07

© 2007 Ravensburger Buchverlag Otto Maier GmbH
Postfach 1860 • 88188 Ravensburg

Alle Rechte, auch die des auszugsweisen Nachdrucks,
der fotomechanischen Wiedergabe und der Übersetzung, vorbehalten

Originalausgabe © 2005 by Ben A. Gonzales and Matang B. Gonzales,
originally published under the title PAPERS, SCISSORS, SCULPT! CREATING
CUT-AND-FOLD ANIMALS, published by arrangement with Sterling Publishing Co.,
Inc., 387 Park Ave. S., New York, NY 10016, USA

Deutsche Ausgabe
Umschlagkonzeption: dieBeamten.de
Redaktion: Susanne Wahl
Übersetzung aus dem Englischen: Susanne Bonn

Printed in Germany

ISBN 978-3-473-55631-1

www.ravensburger.de

INHALT

Einleitung	7
Zeichenerklärung und Schwierigkeitsgrade	10
Material	11
Grundtechniken	12
Wellenlinien falzen	16
Die Arbeit mit diesem Buch	17
Schlange	18
Salamander	23
Fledermaus	24
Schmetterling	27
Hai	28
Schwertfisch	31
Wal	32
Fisch	36
Bär	40
Nilpferd	43
Schwan	44
Die Natur als Vorbild	47
Kaninchen	48
Eichhörnchen	51
Truthahn	52
Pfau	56
Aus mehreren Figuren eine Landschaft bauen	57
Ente	58
Pelikan	61
Tyrannosaurus Rex	62
Selbst entworfener Dinosaurier	65
Stegosaurus	66
Känguru	70
Schnecke	74
Giraffe	78
Galerie	82
Glossar, Tipps und Tricks	94
Register	95

EINLEITUNG

„Sie sind ein Meister!"
Cheng Hou-Tien,
chinesischer Scherenschnitt-Meister,
Freehold, New Jersey

Um das Jahr 105 war Tsai Lung in China Aufseher der Kaiserlichen Bibliothek. Ihm missfiel das Durcheinander an Schriften auf Laubblättern, Ton, Seide, Holz, Steinen, Bambus und Rinde, das in den Regalen der Bibliothek herrschte. Wie viel einfacher wäre es, wenn es ein perfektes Material gäbe, auf das man schreiben könnte. Er begann mit verschiedenen Materialien zu experimentieren und stellte schließlich das erste Papier aus der Rinde des Maulbeerbaums her. Daraus ließen sich auch hübsche Dinge herstellen wie Fächer, Spielzeuge oder die berühmten chinesischen Drachen.

Jahrhunderte später, als man festeres Papier herstellen konnte, entwickelte sich in Japan die elegante Kunst des Papierfaltens, die man Origami nannte. Dabei wurde ein Blatt Papier in geometrische, abstrakte oder Tier-Formen gefaltet. Auch Geschenke wurden mit dieser Technik kunstfertig verpackt.

Im zwanzigsten Jahrhundert lebte in einem abgelegenen Dorf auf den Philippinen in Südostasien ein Kind, das seinem Babysitter gespannt dabei zusah, wie er aus Palmwedeln dekorative Figuren faltete. Sie sahen kompliziert aus, waren aber leicht herzustellen. Für das Kind war dies ein Erlebnis, das es nie vergaß. Das Kind war ich, der Autor dieses Buches.

Aus dieser Kindheitserfahrung entstand das Konzept von „Origami – Kleine Kunstwerke aus Papier". Ich entwickelte die Gupit-Gupit-Technik der Ein-Blatt-Papierskulptur. Mit Schere und Federmesser schaffe ich dreidimensionale Tierformen, die sehr komplex wirken, in Wirklichkeit aber recht einfach sind. In meinem Beruf als Kunsterzieher fand ich Lehrmethoden, die Kinder und Erwachsene dazu bringen, den Tastsinn stärker wahrzunehmen und dreidimensional zu denken.

Das Gestalten mit geschnittenem und gefaltetem Papier hat mein Leben geprägt. Mit diesem Buch möchte ich dazu anregen, sich auch in dieser schönen Kunst zu versuchen.

Meister Ben A. Gonzales

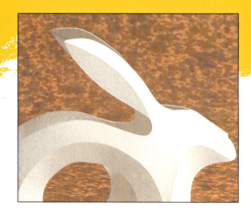

Für Eltern und Lehrer

*„Ich finde das Arbeiten mit Papier sehr spannend, denn immer ist ein Element des Zufalls, der Überraschung vorhanden, was Erwachsene und Kinder mögen.
Außerdem werden künstlerische Fertigkeiten wie Messen, Falten, Planen und Kolorieren entwickelt."*

Doris Petrochoko, Kunstlehrerin, Oxford, Connecticut

Abstrakte Begriffe und ästhetische Vorstellungen lassen sich leichter erfassen, wenn sie visuell dargestellt werden. Papier kostet nicht viel und lässt sich gut erfühlen; damit ist es das ideale Mittel, um kreative Energien zu kanalisieren, zu Hause und in der Schule.

Die Arbeiten in diesem Buch sind so gestaltet, dass die eingeübten Fertigkeiten aufeinander aufbauen. Zusätzliche Vorlagen nach dem gleichen Prinzip helfen beim Festigen des neu erworbenen Könnens. Es ist daher nicht ratsam, von einer einfachen zu einer schwierigen Bastelidee zu springen.
Die Auge-Hand-Koordination ist bei Kindern unterschiedlich ausgeprägt. Neue kreative Interpretationen einer Idee sollten akzeptiert werden.
Die Arbeiten eignen sich gut als Ergänzung zu traditionellen Schulfächern wie Erdkunde, Biologie oder Sachkunde. Sie bieten kreative, stressfreie Erholung, die den Unterricht auflockert.

Skulpturen aus Papier
schneiden und falten

Gupit-Gupit

1. Die Kunst der Papierskulptur aus einem Stück Papier. Gupit-Gupit heißt „schneide-schneide" in Tagalog, der Landessprache der Philippinen.

2. Gupit-Gupit ist nicht genau das Gleiche wie Origami, denn dabei wird Papier geometrisch gefaltet. Bei Gupit-Gupit wird nicht nur gefaltet, sondern auch geritzt und geschnitten.

3. Gupit-Gupit wurde von Meister Ben A. Gonzales entwickelt; er stammt aus Polangui, Albay, auf der Philippinen-Insel Luzon.

ZEICHENERKLÄRUNG

Mit der Schere oder dem Federmesser schneiden. ⸻

Vorn ritzen. Die Ritzlinie liegt vorn auf dem Papier. Das Papier wird von der Linie weg nach hinten gefaltet. ‐ ‐ ‐ ‐ ‐ ‐ ‐

Hinten ritzen. Das Papier wird von der Linie aus nach oben gefaltet, sodass die Linie hinten oder unten in der Spitze eines V liegt. ·········

Falzen. Das Papier lässt sich in beide Richtungen biegen. Ein Falz macht das Papier biegsam, es reißt aber nicht ein. –·–·–·–

Klebefläche

In Pfeilrichtung biegen.

SCHWIERIGKEITSGRADE

Grundlagen für Anfänger. Jedes Alter. ★

Mit den Grundlagen vertraut. ★★

Mit den Grundlagen vertraut, etwas Erfahrung. ★★★

Künstlerische Ausführungen. ★★★★

MATERIAL

Grundmaterial
Die Mindestausstattung für Kostenbewusste:

Zusätzliches Material

Papier & Stifte
Festes Papier, 170 g/m². Säurefreies Papier ist haltbarer. Der Bleistift darf nicht zu stark schmieren.

Kopierrädchen
Um Ritzlinien zu übertragen und das Papier zu strukturieren.

Effilierschere
Zum Anbringen von Strukturen wie Federn oder Haar.

Schere
Schere mit Metallklingen. Sie muss sich ganz öffnen lassen, damit man damit ritzen kann.

Klebeband
Dauerhaftes, um Fehler auszubügeln, und abziehbares, um die Teile beim Auftragen von Kleber festzuhalten.

Pinnwand-Nadeln
Zum Übertragen von Ritzlinien.

Klebstoff
Flüssigkleber oder Klebestift.

Farbe
Unterschiedliche Stifte und Farben zum Experimentieren.

Federmesser
Für Erwachsene; für Kinder nur unter Aufsicht.

Grundtechniken

Vorlagen kopieren

① Methode 1: Mit dem Fotokopierer.

② Methode 2: Die Vorlage mit Klebeband auf ein helles Fenster kleben und nachzeichnen.

③ Methode 3: Auf dem Leuchttisch (einem Kasten mit Glasfläche und einer Lichtquelle darunter) nachzeichnen.

Die hinteren Ritzlinien übertragen

① Methode 1: Die Linien wie oben an einem hellen Fenster nachziehen.

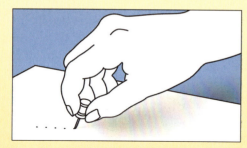

② Methode 2: Die Ritzlinie mit Stecknadeln nachstechen.

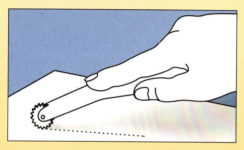

③ Methode 3: Ein Kopierrädchen benutzen.

Flüssigklebstoff auftragen

① Um zwei Papierstücke miteinander zu verkleben, nur sehr wenig Kleber verwenden. Zu viel Klebstoff macht das Papier nass und faltig und es dauert länger, bis es hält. Damit nicht zu viel Kleber austritt, nur vorsichtig auf die Tube drücken und den Kleber nicht direkt auf das Papier geben.

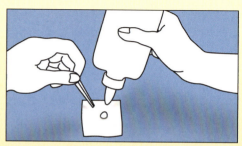

② Stattdessen einen Tropfen Klebstoff auf ein anderes Stück Papier geben und von dort mit einem spitz gefalteten Stück Papier aufnehmen.

③ Den Kleber schnell, gleichmäßig und sparsam auftragen. Die Teile sofort zusammendrücken. Sie sollten nach wenigen Sekunden fest zusammenhalten. Üben!

Schere und Federmesser richtig halten

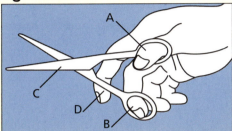

Schneiden

Daumen (A) und Mittelfinger (B) öffnen die Schere so weit, dass der Schnitt etwa bei (C) angesetzt wird. Der Zeigefinger (D) stützt die Klinge, die sich auf und ab bewegt. Nur eine Schere verwenden, die sich ganz öffnen lässt.

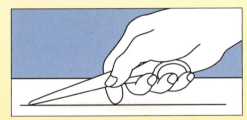

Falzen

1. Zum Falzen wird die Arbeitsfläche mit einer elastischen Unterlage abgedeckt, z.B. einer Zeitschrift.

2. Die Schere schließen und fest, aber unverkrampft zusammenhalten.

3. Die Hand bleibt entspannt, bis Druck zum Falzen gebraucht wird.

4. Eine Falzlinie kann in beide Richtungen gefaltet werden, ohne zu reißen.

Ritzen

1. Die Schere ganz öffnen und vorsichtig halten. Die Hand bleibt entspannt, bis Druck gebraucht wird, um das Papier zu ritzen.

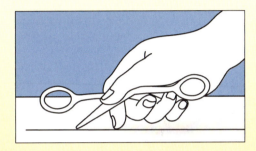

2. Die Schere über die Ritzlinie ziehen, nicht schieben.

3. Das Papier wird immer *entgegen der Ritzlinie* gefaltet.

Die Arbeit mit dem Federmesser

Nur für Erwachsene und ältere Kinder unter Aufsicht. Das Federmesser immer über die Ritzlinie ziehen, nicht schieben. Die Hand am Federmesser bleibt entspannt, bis Druck zum Schneiden gebraucht wird. Die andere Hand muss in sicherer Entfernung von der Messerhand bleiben.

GRUNDTECHNIKEN

Papier ritzen und falten

1. Die Arbeitsfläche mit Pappe auslegen.
2. Die Vorlage kopieren. Die hinteren Ritzlinien übertragen.
3. Die Vorlage ausschneiden.

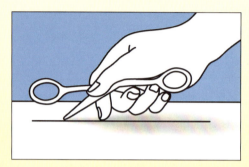

4. Die Schere zum Ritzen offen halten. Eine Schere, die sich nicht ganz öffnet, eignet sich nicht zum Ritzen.

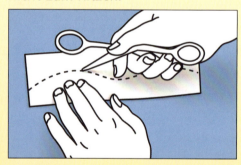

5. Die Schere vorsichtig über die Ritzlinie ziehen (nicht schieben). Gerade so viel Druck ausüben, dass die Ritzlinie sichtbar wird. Mehrmals üben!

6. Das Papier mit kurzen, vorsichtigen Bewegungen entgegen der Ritzlinie falten, dabei beide Hände zusammen von links nach …

7. … rechts bewegen. So oft wie nötig wiederholen. Wenn sich das Papier nicht gut biegen lässt, wurde vielleicht nicht stark genug geritzt. Üben!

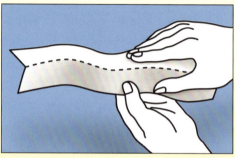

8. Mehrfach ritzen: Wie oben vorgehen, aber das Papier nach jedem Biegen glatt streichen.

9. Alle Ritzlinien gleichzeitig biegen. Mehrmals üben!

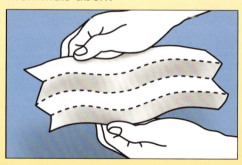

Falzen

Ein Falz macht es möglich, das Papier erst in die eine und dann in die andere Richtung zu biegen, ohne dass es reißt.

1. Die Arbeitsfläche mit einer elastischen Unterlage abdecken, z.B. einer Zeitschrift, einem Notiz- oder Skizzenblock.

2. Die Übungsvorlage unten kopieren oder eine eigene entwickeln.

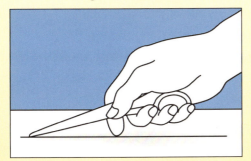

3. Die Schere zum Falzen geschlossen halten und mit sanftem Druck über die Linie ziehen, sodass eine Vertiefung entsteht. Die Papierfasern sollen zusammengedrückt werden. (Siehe S. 32–35, Wal)

Falten

4. Das Papier in eine Richtung falten. Den Falz fest anreiben und dann in die andere Richtung falten. Nochmals anreiben. Wenn sich das Papier an der Falzlinie nicht leicht falten lässt, nochmals nachziehen. Üben!

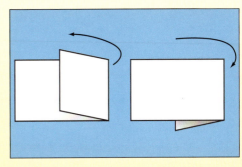

Übungslinien zum Falzen

Wellenlinien falzen

Vorlagen zum
Üben

Material
Papier, 170 g/m²
Schere

Zeichenerklärung
schneiden ———
vorn ritzen - - - - - -
hinten ritzen ·············

vorn ritzen

vorn ritzen

mehrfach ritzen (vorn und hinten)

DIE ARBEIT MIT DIESEM BUCH

**Habe keine Angst, Fehler zu machen.
Probiere die Bastelideen möglichst der Reihe nach aus.
Lass dir Zeit. Nur Geduld und Übung führen zum Ziel.
Experimentiere mit Farben. Lass dich dabei von deiner
Intuition leiten.**

SCHLANGE A

Material
Papier, 170 g/m²
Schere

Zeichenerklärung
schneiden ———
vorn ritzen - - - - -

SCHLANGE A

1 Die Vorlage von Seite 19 in der gleichen Größe kopieren.

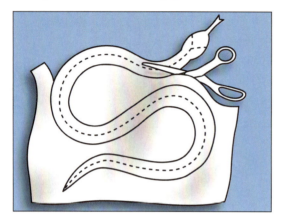

2 Den Umriss ausschneiden.

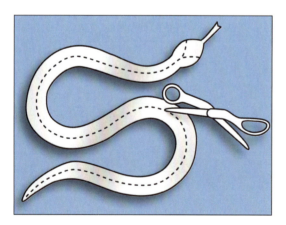

3 Mit der Schere vorsichtig entlang der Linie ritzen. Die Schere beim Ritzen nicht schieben, sondern ziehen.

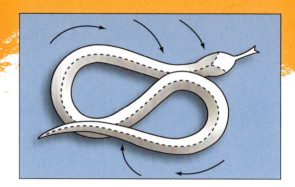

4 Die Ritzlinie biegen, sodass sich das Papier bewegt (in Pfeilrichtung). Vorsichtig und schrittweise vorgehen.

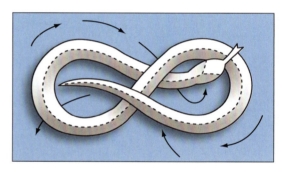

5 Weiter entlang der Ritzlinie biegen. Mehrmals wiederholen. Vorsicht: Das Papier muss sich fast von selbst bewegen; nicht zu fest drücken.

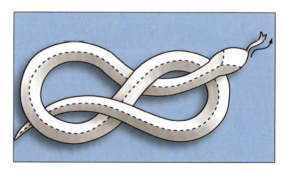

6 Zuletzt die Zunge in Pfeilrichtung biegen.

SCHLANGE B

Material
Papier, 170 g/m²
Schere

Zeichenerklärung
schneiden ―――
vorn ritzen ‑ ‑ ‑ ‑ ‑ ‑

Vorgehen wie bei Schlange A und wie auf dem Bild oben wickeln.

Schlange C

Arbeiten wie bei Schlange A, dann wickeln wie auf dem Bild oben.

Material
Papier, 170 g/m²
Schere

Zeichenerklärung
schneiden ———
vorn ritzen --------

Salamander

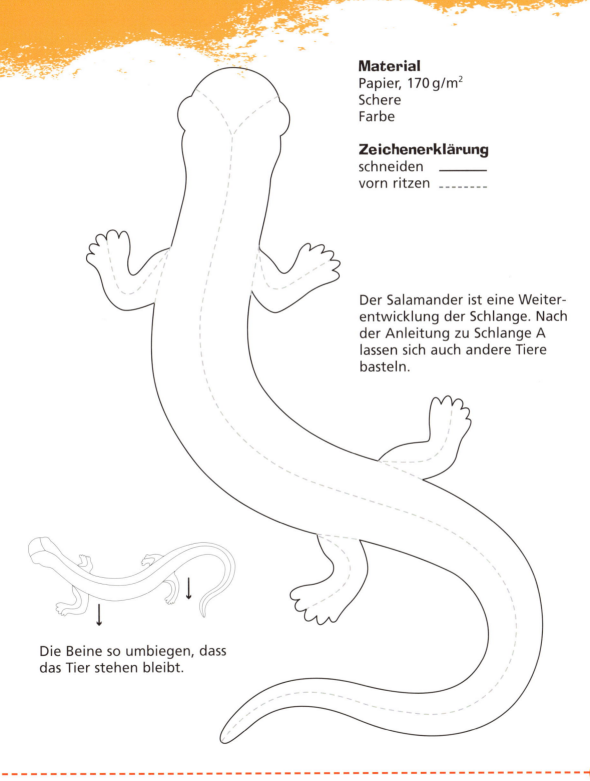

Material
Papier, 170 g/m²
Schere
Farbe

Zeichenerklärung
schneiden ———
vorn ritzen - - - - -

Der Salamander ist eine Weiterentwicklung der Schlange. Nach der Anleitung zu Schlange A lassen sich auch andere Tiere basteln.

Die Beine so umbiegen, dass das Tier stehen bleibt.

FLEDERMAUS

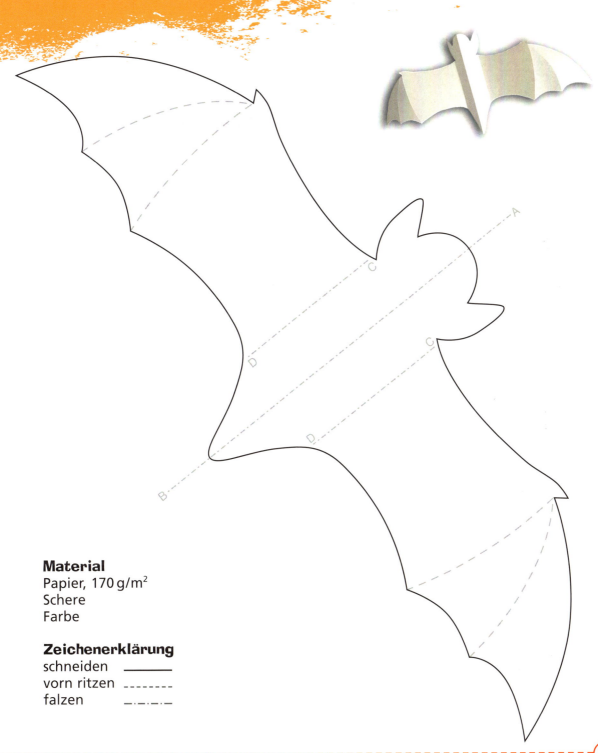

Material
Papier, 170 g/m²
Schere
Farbe

Zeichenerklärung
schneiden ———
vorn ritzen --------
falzen —·—·—

FLEDERMAUS

① Die Vorlage in der gleichen Größe kopieren.

② Den Umriss ausschneiden.

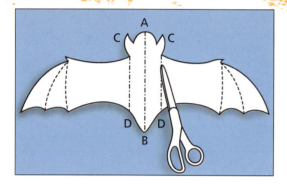

③ AB und CD falzen. Eine Zeitschrift oder einen Block unterlegen.

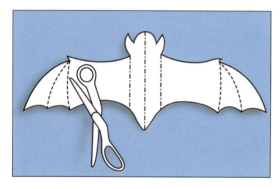

④ Die restlichen Ritzlinien von vorn ritzen.

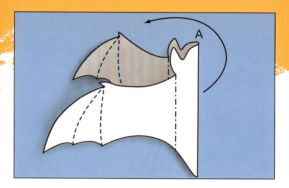

⑤ Den Falz AB nur in eine Richtung falten.

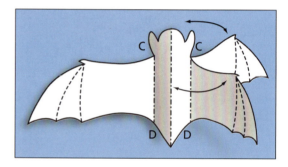

⑥ Die Falze CD mehrmals in beide Richtungen falten. So kann die Fledermaus mit den Flügeln schlagen.

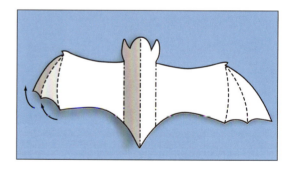

⑦ Die restlichen Ritzlinien umbiegen. Nach Wunsch ausmalen.

⑧ Die Fledermaus fliegen lassen. Weiter geht es mit dem Schmetterling auf der nächsten Seite.

SCHMETTERLING

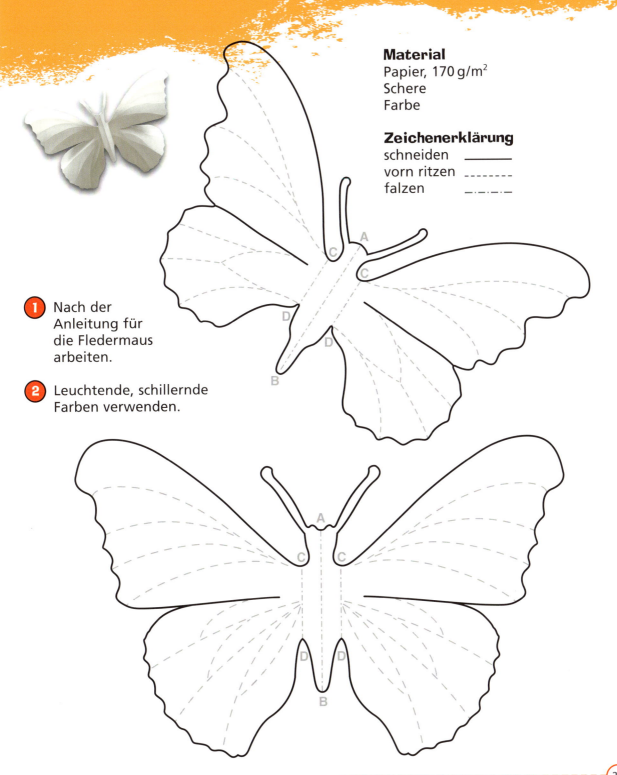

Material
Papier, 170 g/m²
Schere
Farbe

Zeichenerklärung
schneiden ――――
vorn ritzen ‐ ‐ ‐ ‐ ‐ ‐
falzen ‐·‐·‐·‐

1. Nach der Anleitung für die Fledermaus arbeiten.

2. Leuchtende, schillernde Farben verwenden.

HAI

Material
Papier, 170 g/m²
Schere
Klebstoff
Farbe

Zeichenerklärung
schneiden ———
vorn ritzen – – –
falzen –·–·–
Klebefläche //////

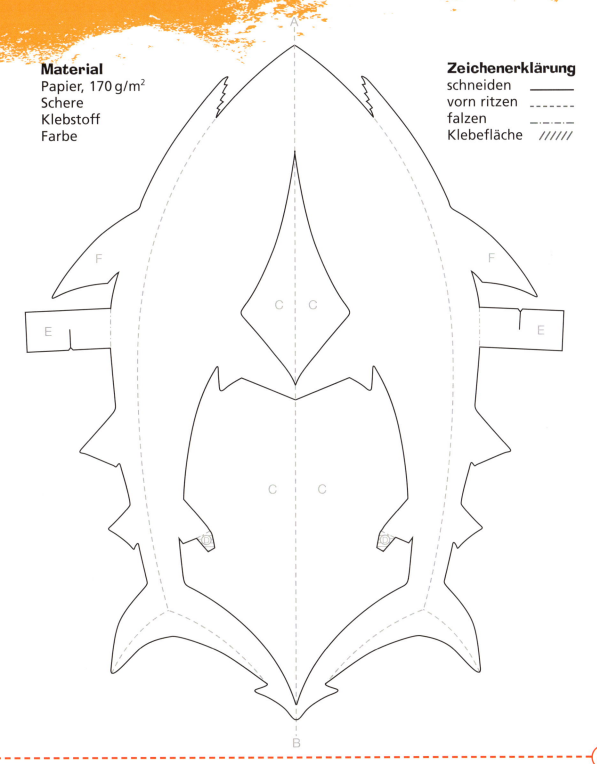

Hai

1. Die Vorlage in der gleichen Größe kopieren.

2. AB sorgfältig ritzen. Die Schere an einem Lineal entlangführen.

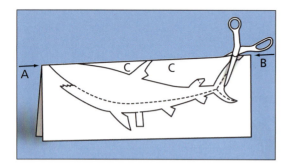

3. AB falten. Die mit C bezeichneten Teile ausschneiden.

4. Die Vorlage flach auslegen. Den Umriss ausschneiden.

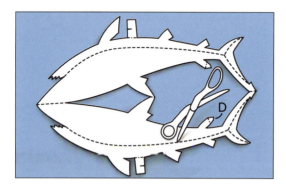

5. Ritzen. Auf den Falz bei Lasche D achten.

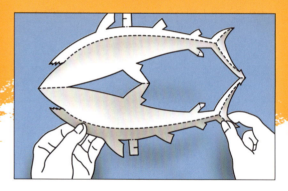

6. Die geritzten Linien vorsichtig biegen.

7. Falls gewünscht, anmalen, bevor Lasche D verklebt wird.

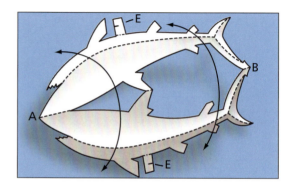

8. AB falten. Die Laschen am Bauch (E) müssen sich überlappen.

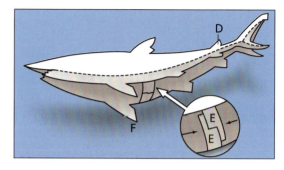

9. Etwas Klebstoff auf die Rückenflosse D geben. Die beiden Schlitze an den Laschen E zusammenstecken. Die Brustflossen F nach außen biegen

SCHWERTFISCH

Dies ist eine Weiterentwicklung des Hais. Nach der Anleitung für den Hai arbeiten. Auf die zusätzliche Lasche D achten. Augen und Kiemen wie auf der Vorlage anbringen.

Zeichenerklärung
schneiden ——
vorn ritzen -------
falzen -·-·-·-
Klebefläche //////

Material
Papier, 170 g/m²
Schere
Klebstoff
Farbe

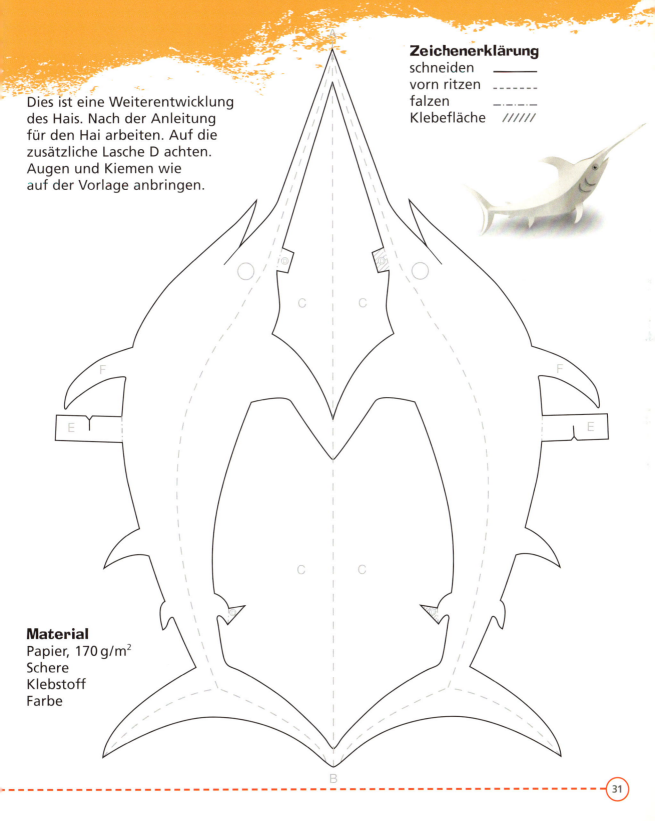

WAL

Material
Papier, 170 g/m²
Schere
Farbe

Zeichenerklärung
schneiden ——
vorn ritzen − − −
falzen −·−·−

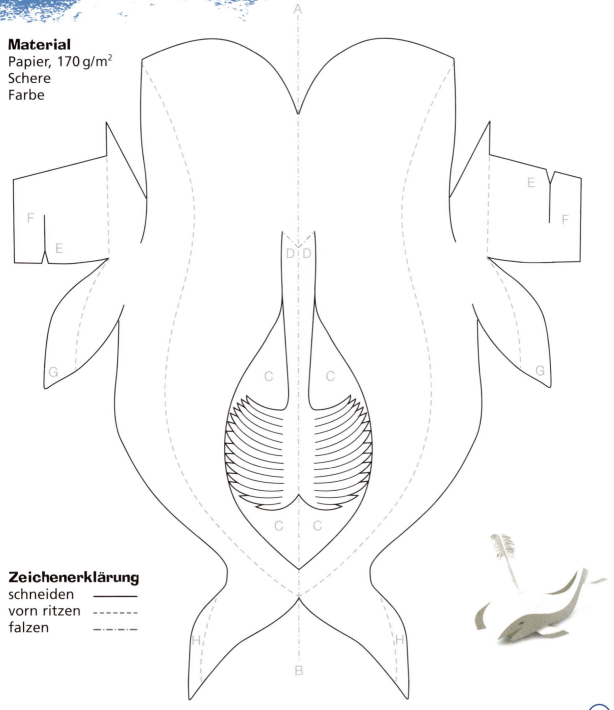

WAL

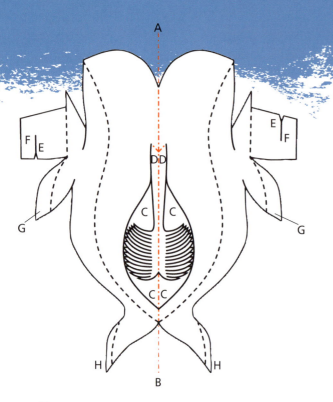

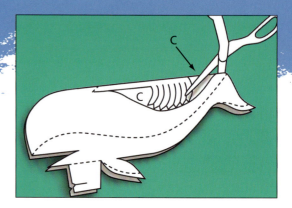

8 Das Papier gefaltet lassen. Die mit C bezeichneten Flächen sorgfältig ausschneiden.

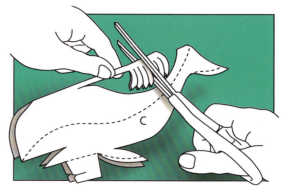

9 Die Fontäne nicht zu tief einschneiden und den Fuß der Fontäne nicht biegen.

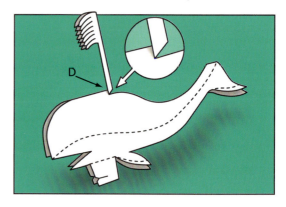

1 Die Vorlage in der gleichen Größe kopieren.

2 Den Umriss ausschneiden. Die Flächen C noch nicht ausschneiden.

3 AB falzen. D falzen.

4 Körper und Flossen wie angezeichnet ritzen.

5 AB falten. Fest anreiben.

6 Das Papier auseinanderfalten, AB in die Gegenrichtung falten. Anreiben.

7 AB nochmals falten, sodass die Linien der Vorlage außen liegen. HINWEIS: Die Schritte 5, 6 und 7 sind sehr wichtig.

10 D falten. Fest anreiben.

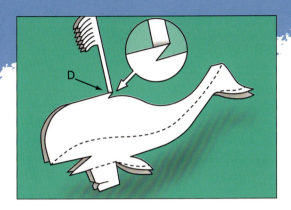

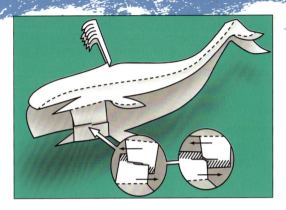

11 D in die Gegenrichtung falten. Fest anreiben.

14 Von unten: Die Schlitze der Laschen F zusammenstecken. Der schraffierte Teil der Laschen sollte innen liegen, wenn sie ganz zusammengesteckt sind.

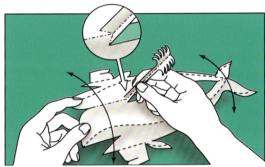

12 Von oben: Die Fontäne aufstellen. Den Fuß der Fontäne nach hinten biegen und ihn dabei langsam aufstellen, sodass er bei D abknickt. Gleichzeitig den Körper falten.

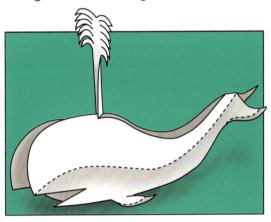

15 Die Flossen nach außen biegen. Den Fuß der Fontäne leicht gefaltet, die Fontäne selbst aber offen lassen.

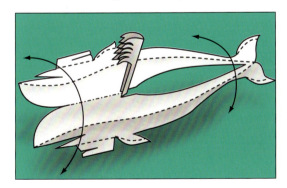

13 Von oben: Diese beiden Schritte wiederholen, bis der Fuß der Fontäne aufrecht steht.

Fisch A

Material
Papier, 170 g/m²
Schere
Klebstoff
Farbe

Zeichenerklärung
schneiden ———
vorn ritzen - - - - -
hinten ritzen ·········
Klebefläche //////

Fisch A

1 Die Vorlage in der gleichen Größe kopieren.

2 Die hinteren Ritzlinien übertragen.

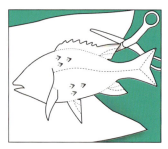

3 Die Vorlage ausschneiden.

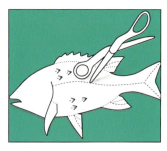

4 Ritzen.

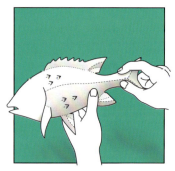

5 Alle Ritzlinien umbiegen.

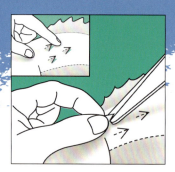

6 Schuppen ausschneiden: Die Ritzlinie der Schuppe zusammenkneifen. Mit der Schere einschneiden. Die Schuppen nach oben biegen (siehe kleines Bild).

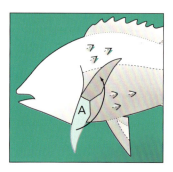

7 Die Brustflosse A nach oben falten, sodass sie den Fischkörper berührt. Nach Wunsch ausmalen. Trocknen lassen. Die Rückseite der Flosse A anmalen. Trocknen lassen.

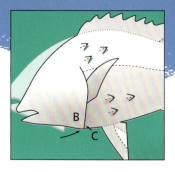

8 Den Kopf über den Ansatz der Brustflosse biegen, bis B C bedeckt. B von unten mit Klebstoff bestreichen. Bei C aufkleben.

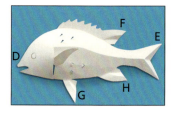

9 Figur auf einen Papphintergrund kleben:
a) Zunächst Fischnase D und Schwanzende E auf dem Hintergrund anzeichnen.
b) Unter der Nase D Klebstoff auftragen, trocknen lassen.
c) Das Gleiche bei Schwanzspitze E.
d) Die Flossen nach oben falten (F, G und H).
e) Auge einzeichnen.

38

Fisch B

Material
Papier, 170 g/m²
Schere
Klebstoff
Farbe

Nach der Anleitung für Fisch A arbeiten oder einen eigenen Fisch entwerfen.

Zeichenerklärung
schneiden ———
vorn ritzen - - - - - -
hinten ritzen ....
Klebefläche /////

BÄR

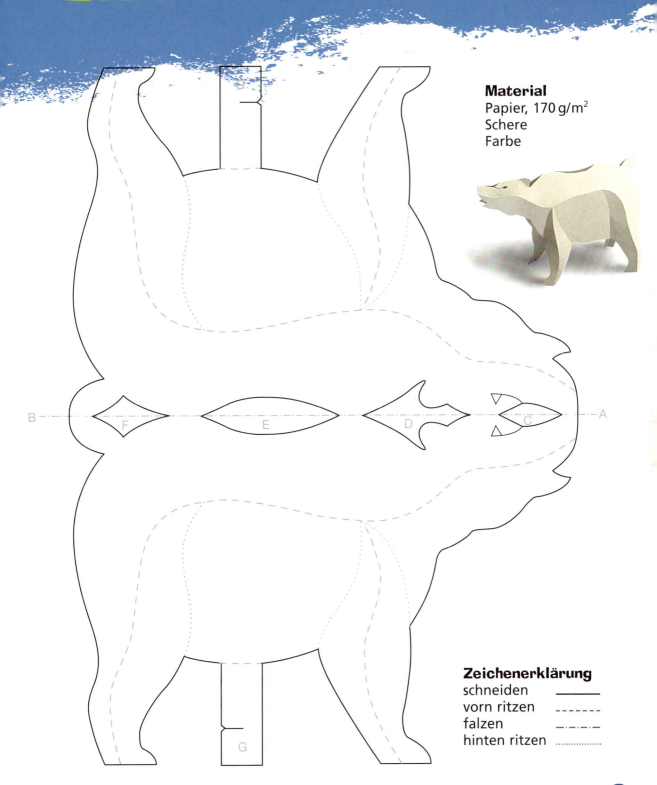

Material
Papier, 170 g/m²
Schere
Farbe

Zeichenerklärung
schneiden ———
vorn ritzen − − −
falzen −·−·−
hinten ritzen ·······

Bär

1. Die Vorlage kopieren.
2. Die hinteren Ritzlinien übertragen.
3. AB ritzen.

4. AB falten und vorsichtig anreiben.
5. Das Papier gefaltet lassen. Die Teile C, D, E und F ausschneiden.

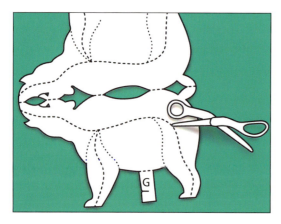

6. Die Vorlage flach auslegen. Den Bären ausschneiden.
7. Ritzen. Den Ansatz der Lasche G falzen.

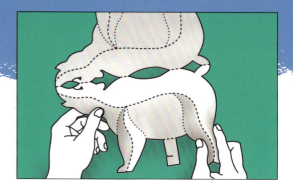

8. Die geritzten Linien vorsichtig biegen.

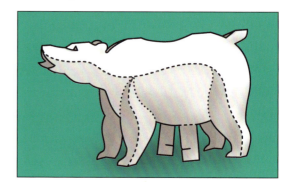

9. Die beiden Seiten des Körpers zusammenfalten.

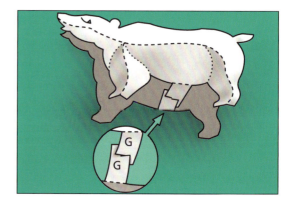

10. Nach Wunsch ausmalen.
11. Die G-Laschen zusammenstecken. Die Ohren nach außen biegen.

NILPFERD

Material
Papier, 170 g/m²
Schere
Farbe

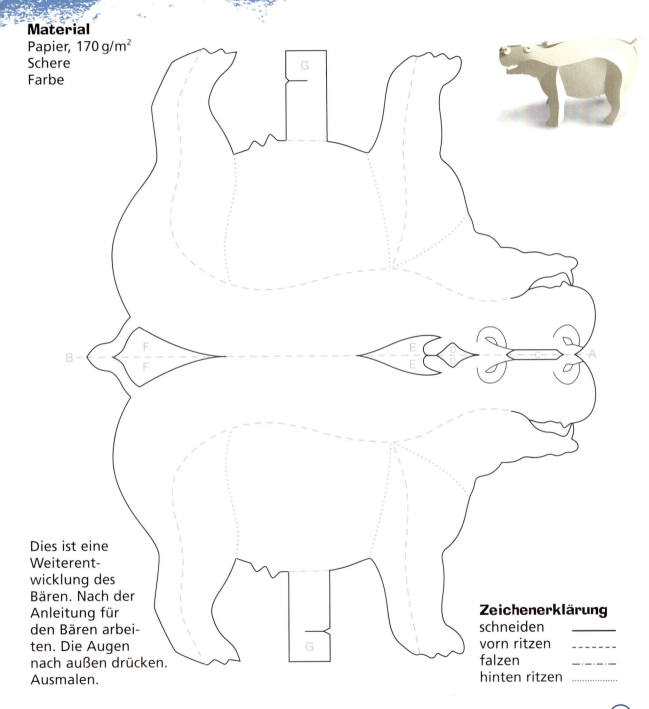

Dies ist eine Weiterentwicklung des Bären. Nach der Anleitung für den Bären arbeiten. Die Augen nach außen drücken. Ausmalen.

Zeichenerklärung
schneiden ———
vorn ritzen - - - - - -
falzen —·—·—·—
hinten ritzen ············

Schwan

Material
Papier, 170 g/m²
Schere
Bleistift
Farbe

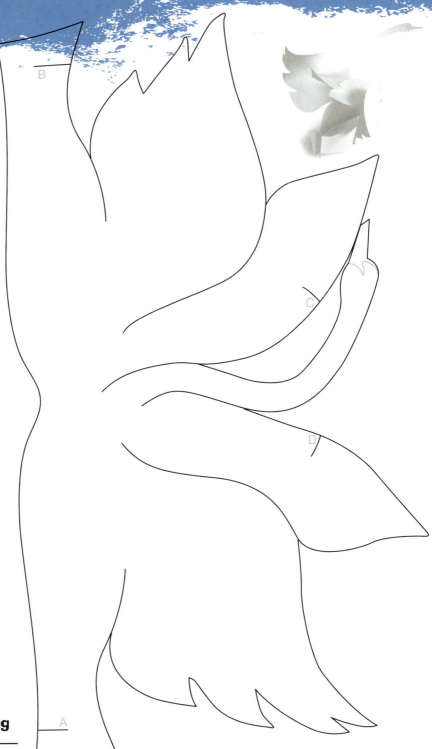

Zeichenerklärung
schneiden

Schwan

① Die Vorlage kopieren.

② Die Vorlage ausschneiden.

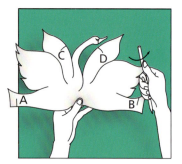

③ Von hinten: Beide Flügel zu einer leichten Kurve biegen.

④ Von hinten: Den Körper eiförmig biegen. Mit dem Bleistift oder Finger kurze Striche ausführen.

⑤ Von hinten: Schlitz A in Schlitz B stecken.

⑥ Von hinten: Schlitz C in Schlitz D stecken.

⑦ Von hinten: Die Verbindung CD zwischen den Flügeln sehr vorsichtig nach unten drücken.

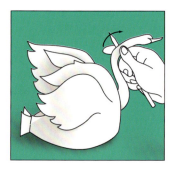

⑧ Von der Seite: Den Hals so biegen, dass er nach vorn schaut.

Die Natur als Vorbild

Die Natur erschafft die vielfältigsten, immer dem jeweiligen Zweck angepassten Formen. Mit Papier können wir einige nachbauen.

Papier bleibt nicht auf der Kante stehen.

Zu einer Röhre aufgerollt, bleibt es stehen.

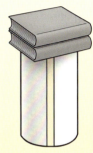

Die Enden zusammenkleben. Wie viele Bücher trägt die Röhre?

Mit Baumstämmen …

oder hohlen Bambushalmen …

oder zarten Pilzstängeln vergleichen.

Aus geritztem Papier kann man Kunstwerke schaffen.

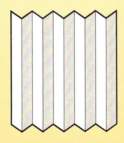

Zur Ziehharmonika gefaltetes Papier.

Zum Vergleich eine Jakobsmuschel.

Kaninchen

Material
Papier, 170 g/m²
Schere
Farbe

Zeichenerklärung
schneiden ———
vorn ritzen - - - - -
hinten ritzen ....
falzen —·—·—
Klebefläche /////

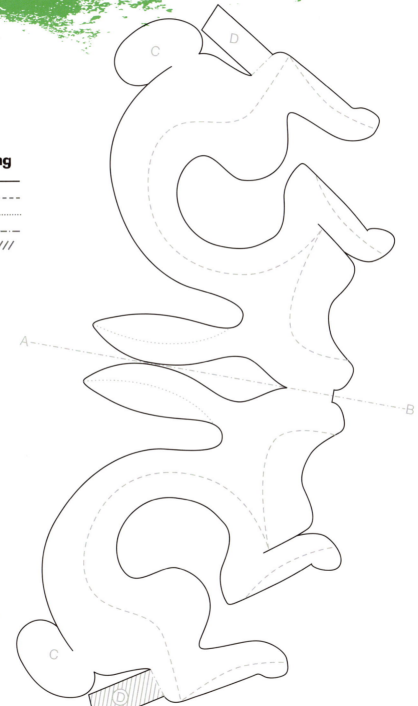

Kaninchen

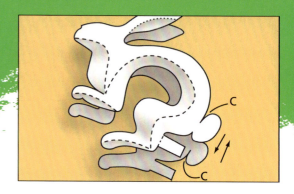

1. Die Vorlage in der gleichen Größe kopieren. Die hinteren Ritzlinien übertragen.

2. Den Umriss ausschneiden.

3. Vorn und hinten ritzen.

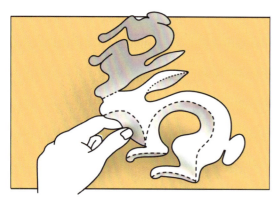

4. Die vorn und hinten geritzten Linien vorsichtig biegen.

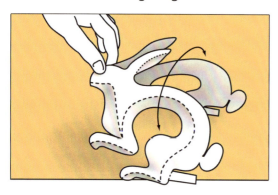

5. Die Linie AB kräftig falten und dabei den Kopf zusammenkneifen. So kommen die beiden Hälften zusammen.

6. Die beiden Schlitze C am Schwanz ineinanderstecken.

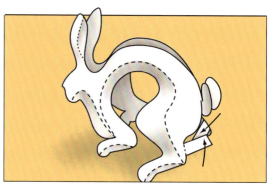

7. Die Laschen D zusammenkleben. Sie sollten ganz überlappen.

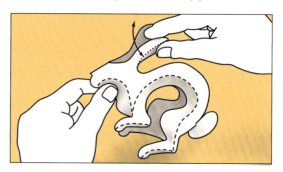

8. Zum Schluss die Ritzlinien noch einmal falten. Die Ohren nach außen biegen.

9. Zum Ausmalen: Bei Schritt 7 nicht kleben, sondern das Papier flach ausbreiten und bemalen. Dann mit Schritt 7 und 8 weitermachen.

Eichhörnchen

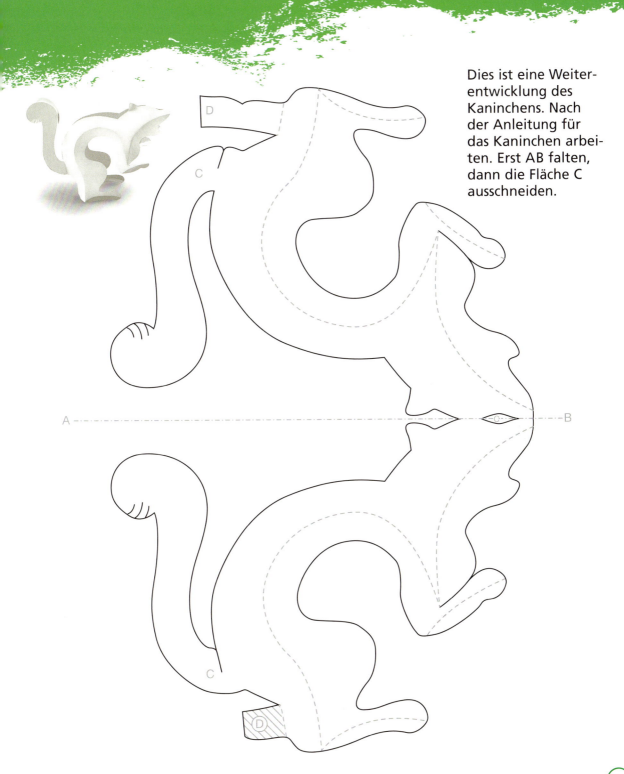

Dies ist eine Weiterentwicklung des Kaninchens. Nach der Anleitung für das Kaninchen arbeiten. Erst AB falten, dann die Fläche C ausschneiden.

TRUTHAHN

Material
Papier, 170 g/m²
Schere
Farbe

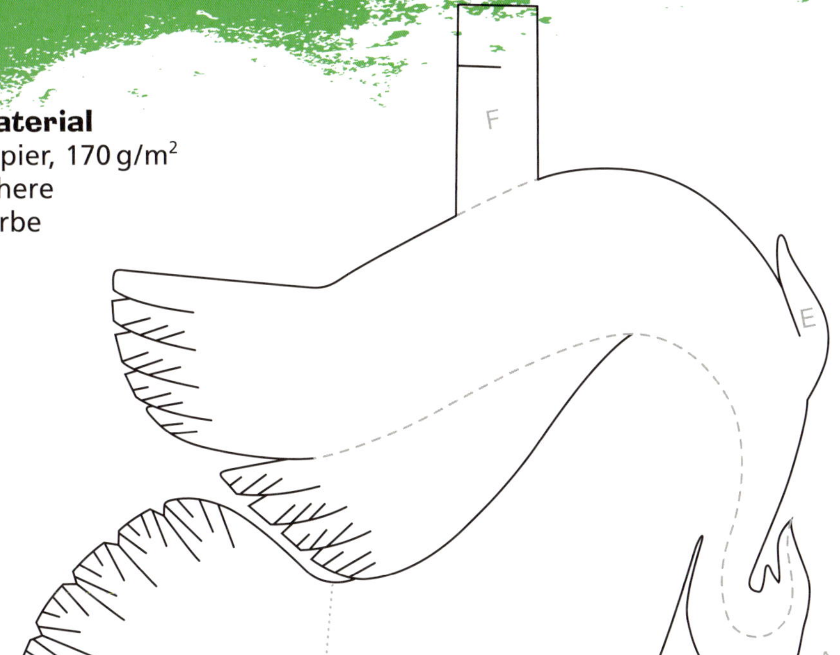

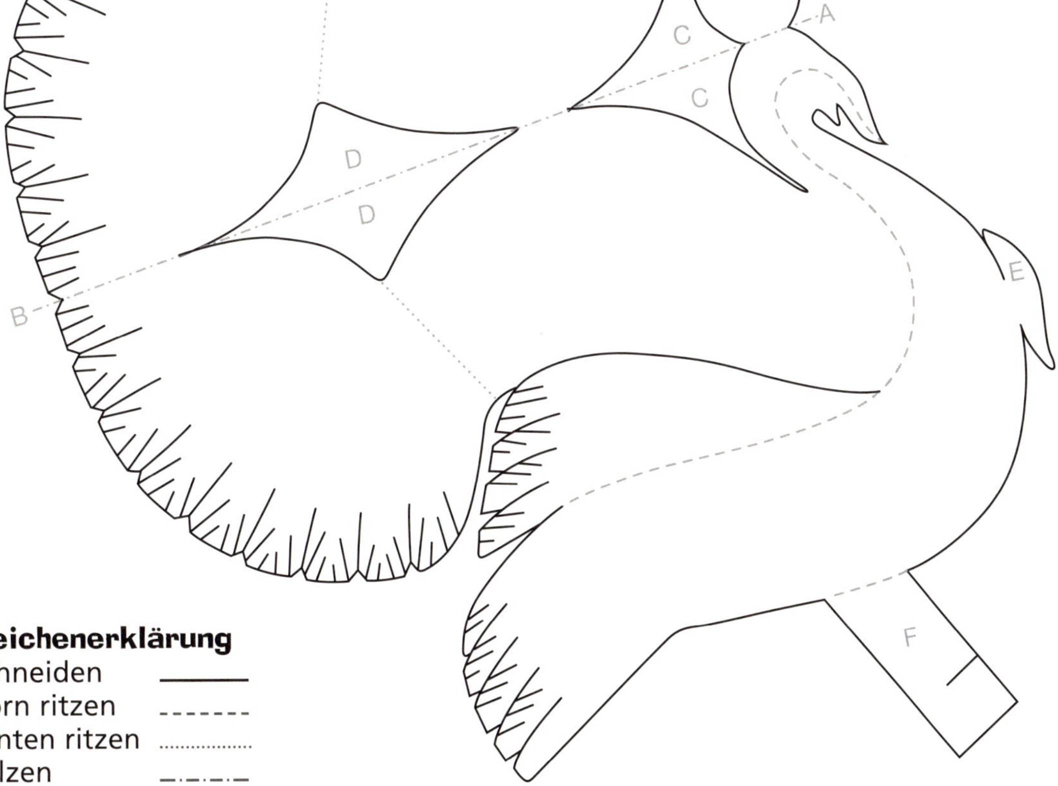

Zeichenerklärung
schneiden ———
vorn ritzen - - - - - -
hinten ritzen ....
falzen —·—·—

Truthahn

1. Die Vorlage kopieren.
2. Die hinteren Ritzlinien übertragen.
3. AB falzen.
4. AB falten und vorsichtig anreiben.

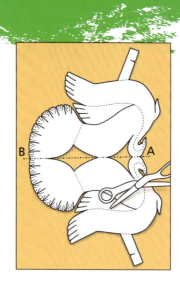

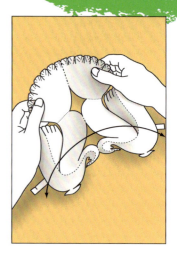

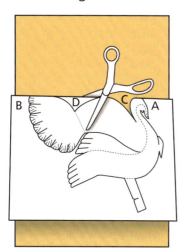

5. Das Papier gefaltet lassen. Die Teile C und D sorgfältig ausschneiden.

6. Die Vorlage flach auslegen. Den Rest ausschneiden. Ritzen.

8. Beide Seiten des Schwanzes festhalten und zum Körper hinbiegen, bis er aufrecht steht. Gleichzeitig Körper falten (in Pfeilrichtung).

7. Das Papier entlang der Ritzlinien umbiegen.

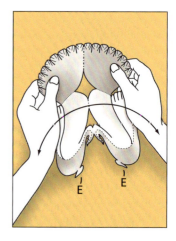

9. So weiterarbeiten, bis die Punkte E sich berühren.

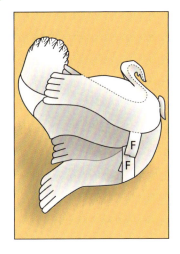

10 Wenn die Punkte E sich annähern, sollte der Schwanz aufrecht stehen.

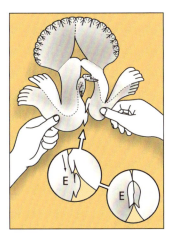

12 Von unten: Die Laschen F einhängen. Die Enden der Laschen müssen innen liegen.

14 Zum Ausmalen: Den Truthahn aufstellen, um ein Gefühl für die Farbe in drei Dimensionen zu bekommen. Dann wieder flach ausbreiten und ausmalen. Danach mit dem Pfau weitermachen.

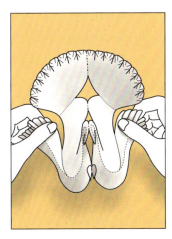

11 Eine Seite des Körpers vorsichtig anheben und die Schlitze übereinanderlegen. Die Punkte E zusammenstecken.

13 Die Flügel zu einer leichten Kurve biegen. Die Einschnitte trennen, sodass sich die Federn spreizen.

Pfau

Dies ist eine Weiterentwicklung des Truthahns. Nach der gleichen Anleitung arbeiten.

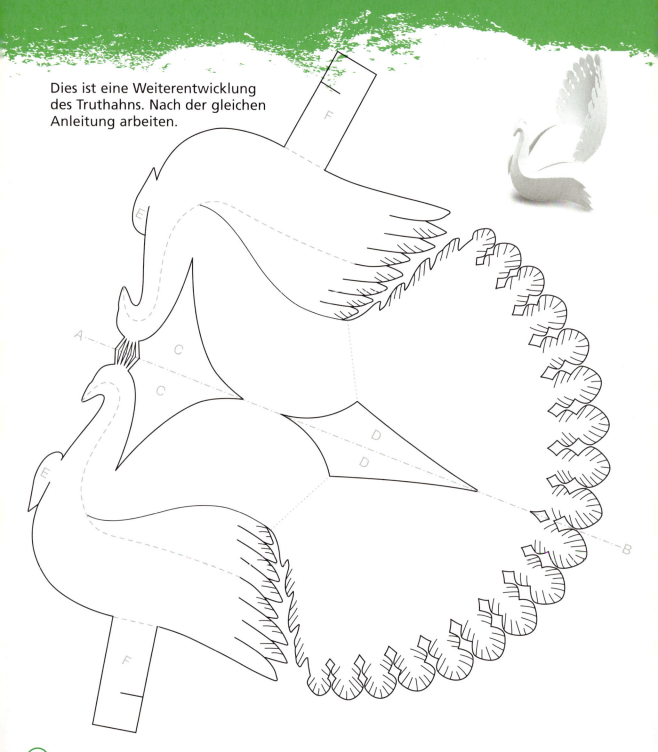

ENTE

Material
Papier, 170 g/m²
Schere
Farbe

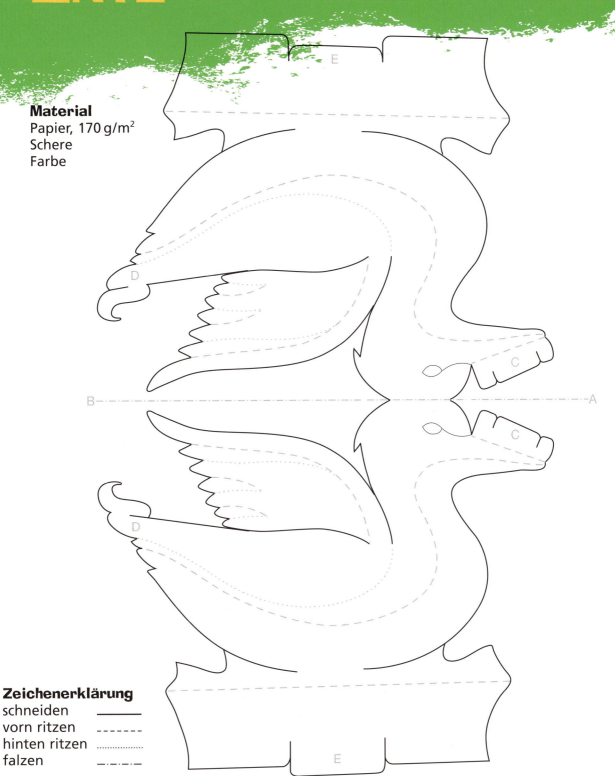

Zeichenerklärung
schneiden
vorn ritzen
hinten ritzen
falzen

ENTE

1. Die Vorlage in der gleichen Größe kopieren.
2. Die hinteren Ritzlinien übertragen.
3. Die Vorlage ausschneiden.
4. Die gesamte Vorlage ritzen.

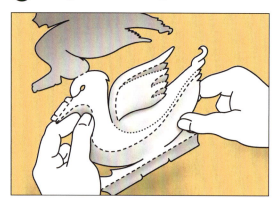

5. Die geritzten Linien vorsichtig biegen. Die Linien auf den Flügeln beachten.

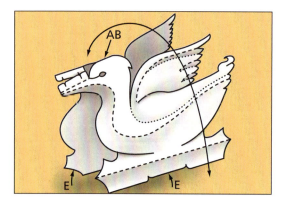

6. Die Linien AB biegen, bis die Laschen E überlappen.

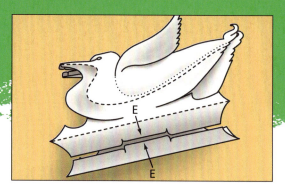

7. Von unten: Die beiden Laschen E ineinanderstecken.

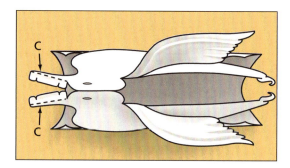

8. Von oben: Die beiden Schnabellaschen C ineinanderstecken.

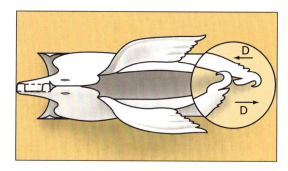

9. Von oben: Die beiden Schwanzlaschen D ineinanderstecken.
10. Die Federn spreizen. Die Flügel nach außen biegen. Zum Ausmalen flach ausbreiten. Weiter geht es mit dem Pelikan auf der nächsten Seite.

Pelikan

Material
Papier, 170 g/m²
Schere
Farbe

Nach der Anleitung für die Ente arbeiten oder einen eigenen Vogel entwickeln.

Zeichenerklärung
schneiden
vorn ritzen
falzen
hinten ritzen

Tyrannosaurus Rex

Material
Papier, 170 g/m²
Schere
Klebstoff
Farbe

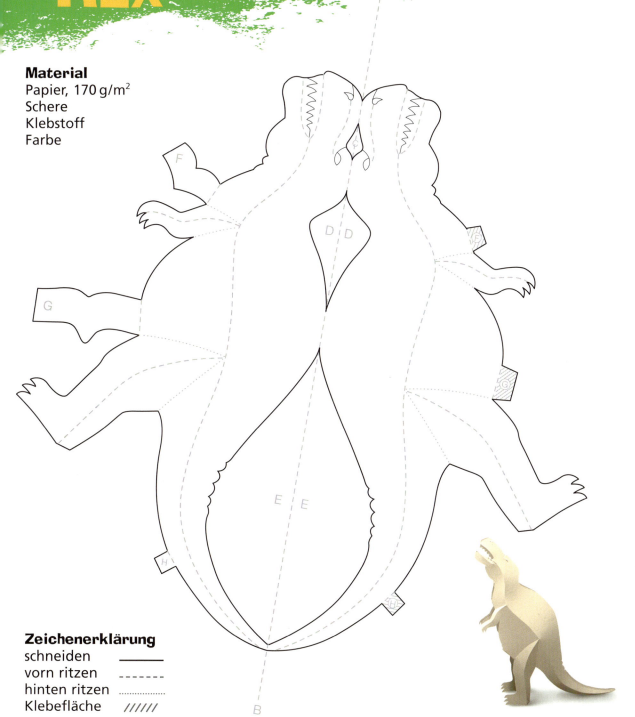

Zeichenerklärung
schneiden ———
vorn ritzen - - - - - -
hinten ritzen ....
Klebefläche //////

Tyrannosaurus Rex

1. Die Vorlage kopieren, eventuell um 50 Prozent vergrößern.

2. Die hinteren Ritzlinien übertragen.

3. AB ritzen. Sorgfältig falten.

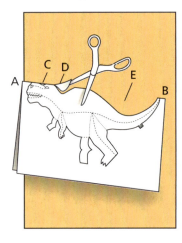

4. Gefaltet lassen. Die Teile C, D und E ausschneiden.

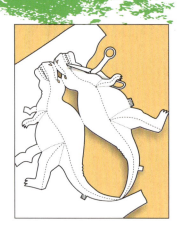

5. Flach ausbreiten. Den Umriss ausschneiden.

6. Ritzen. Die geritzten Linien vorsichtig biegen.

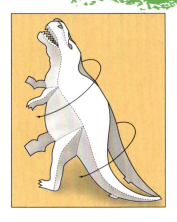

7. Den Körper an der Linie AB falten.

8. Nach Wunsch ausmalen, dann wie in Schritt 9 kleben.

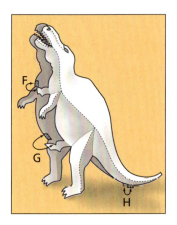

9. Erst Lasche G, dann H und F ankleben.

Selbst entworfener Dinosaurier

Die Vorlage für einen eigenen Dinosaurier gestalten

Dies ist eine Kombination aus dem Tyrannosaurus Rex und dem Stegosaurus (nächste Seite). Ausgehend von der Vorlage für den T-Rex wird ein eigener Dinosaurier entwickelt. Er entsteht mit Techniken, die am Stegosaurus und bei früheren Arbeiten erlernt wurden.

1. Eine Seite der T-Rex-Vorlage leicht auf Pergamentpapier nachziehen.
2. Einen eigenen Entwurf über die T-Rex-Vorlage zeichnen.
3. Die Mittellinie des weißen Papiers ritzen und falten.
4. Gefaltet lassen und beide Seiten gleichzeitig nach dem Entwurf ausschneiden.
5. Das Pergamentpapier entfernen. Die Vorlage flach auslegen. Ritzen, falten und zusammensetzen.
6. Nicht gleich aufgeben, wenn es beim ersten Mal nicht klappt. Beim Entwerfen wird immer wieder probiert und geändert, bis der Dinosaurier perfekt ist.

Beispiel für einen neu entwickelten Dinosaurier

Zunge und Halsform stammen von der Schlangen-Vorlage.

Zacken auf dem Rücken wie beim Stegosaurus

Der Körper kann wie beim Fisch mit Schuppen versehen werden.

Die Füße haben Zehen-Einschnitte.

Mit dem Schwanz experimentieren: biegen wie bei der Schlange oder Stacheln anbringen.

Material
Papier, 170 g/m²
Pergamentpapier
Bleistift
Schere
Klebstoff, Farbe

STEGOSAURUS

★★★★

Material
Papier, 170 g/m²
Schere
Klebstoff
Farbe

Zeichenerklärung
schneiden
vorn ritzen
hinten ritzen
falzen
Klebefläche

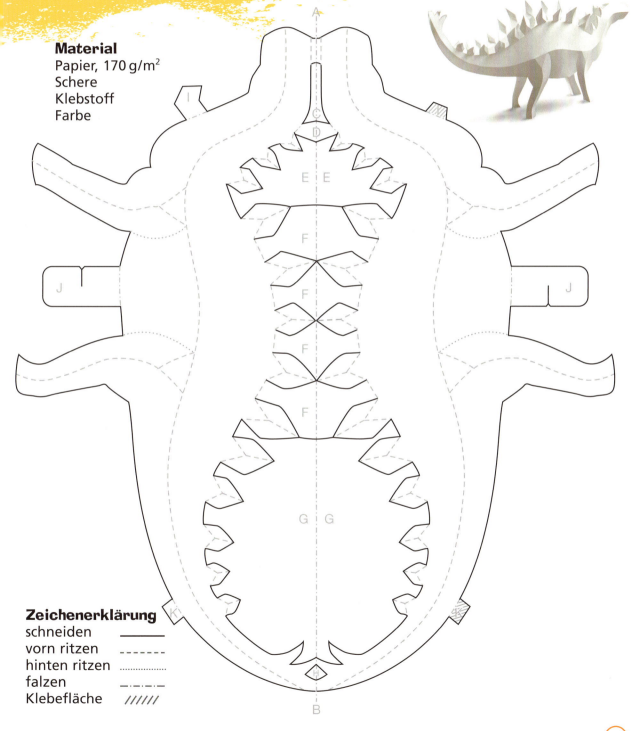

Stegosaurus

1) Die Vorlage kopieren.

2) AB falzen. Die Schere eventuell an einem Lineal entlangführen.

3) AB sorgfältig falten. Anreiben.

4) AB in die andere Richtung falten. Anreiben.

5) AB nochmals in die Gegenrichtung falten, um das Muster hervorzuheben. Anreiben.

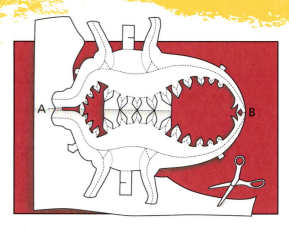

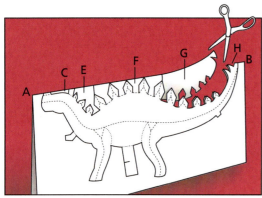

6) Das Papier gefaltet lassen. Die Teile C, E, G und H ausschneiden.

7) Die Zacken (F) vorsichtig einschneiden

8) Die Vorlage flach auslegen. Den Umriss fertig ausschneiden.

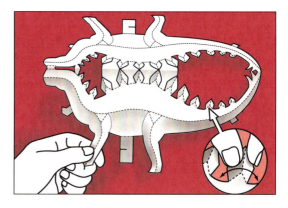

9) Die geraden Linien falten. Die Wellenlinien umbiegen. Die Zacken einkneifen (siehe kleines Bild).

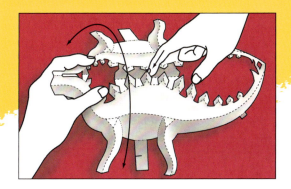

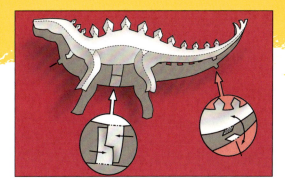

10 Um den Körper und die Zacken gleichzeitig zu falten, den Körper mit einer Hand falten und die Rippen mit dem Zeigefinger der anderen Hand nach unten drücken. Das muss gleichzeitig geschehen. Langsam und vorsichtig arbeiten.

13 Nach Wunsch: das Modell flach ausbreiten und anmalen.

14 Zum Schluss die Ritzlinien noch einmal falten.

15 Die Schwanzlaschen K und die Brustlaschen I verkleben.

16 Die Bauchlaschen J befestigen. Die Laschenenden müssen innen liegen.

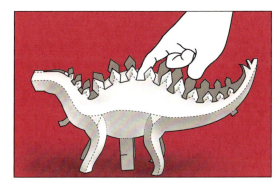

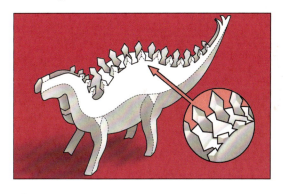

11 Die Bewegung entlang der Rippen fortsetzen.

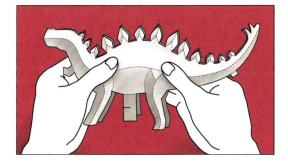

17 Die Zacken leicht nach außen biegen. Die fertige Skulptur aufstellen.

12 Zum Schluss beide Seiten zusammendrücken, sodass das Papier um die Zacken ganz ins Körperinnere gefaltet wird.

KÄNGURU

Material
Papier, 170 g/m²
Schere
Klebstoff
Farbe

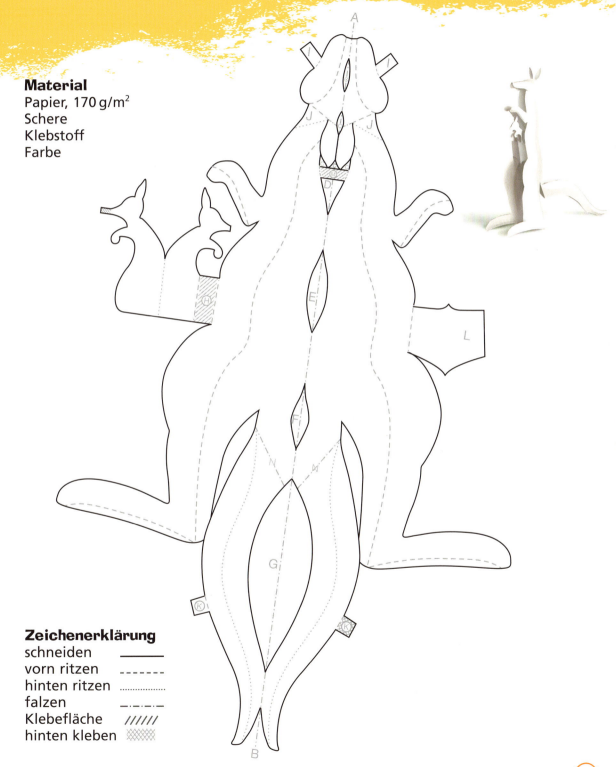

Zeichenerklärung
schneiden ———
vorn ritzen - - - - -
hinten ritzen ....
falzen —·—·—
Klebefläche /////
hinten kleben ▨

Känguru

1. Die Vorlage in gleicher Größe oder auf 150 bis 200 Prozent vergrößert (auf dickeres Papier) kopieren.

2. Die hinteren Ritzenlinien übertragen.

3. A B falzen.

4. A B falten und sorgfältig anreiben.

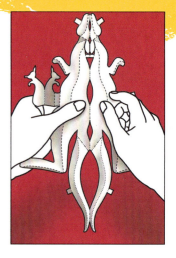

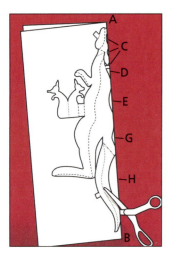

5. Das Papier gefaltet lassen. C, D, E, F und G ausschneiden.

6. Die Vorlage auseinanderfalten und ausschneiden. Ritzen.

8. Alle geritzten Linien sehr vorsichtig biegen.

7. Von hinten: Beide Seiten anmalen.

9. Den Körper und den Schwanz gleichzeitig falten.

10 Die Nasenlasche des Kängurujungen ankleben. Dem Jungen mit einem Bleistift eine runde Form geben. Die Ohren nach außen biegen.

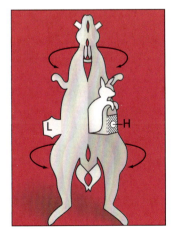

11 Von vorn: Den Beutel L sorgfältig an H kleben.

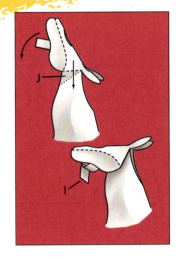

12 Den Kopf vorsichtig nach unten drücken, sodass die Halsnaht J unter den Kiefer gelangt. Die Laschen I zusammenkleben.

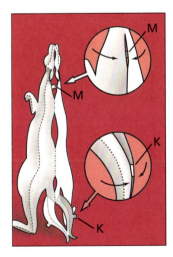

13 Von hinten: Die Schulterlasche M und die Schwanzlaschen K ankleben.

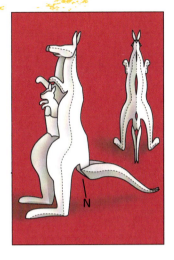

14 Die Ohren nach oben falten. Zum Schluss die Ritzlinien noch einmal falten. Die Beine ausbreiten und die Figur aufstellen. Eventuell lehnt sie sich nach vorn oder nach hinten. Um das zu ändern, die Linie N nachfalten.

SCHNECKE

Material
Papier, 170 g/m²
Schere
Klebstoff
Farbe

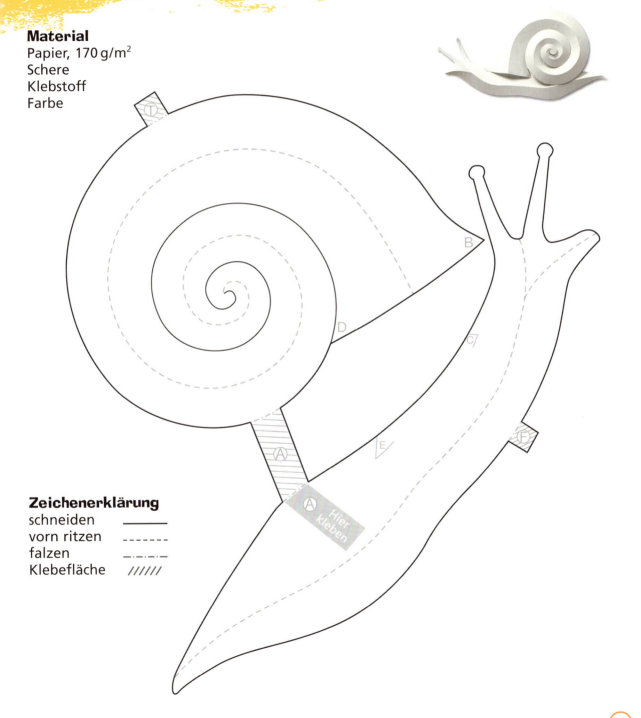

Zeichenerklärung
schneiden ———
vorn ritzen - - - - -
falzen —·—·—
Klebefläche /////

SCHNECKE

1. Die Vorlage in der gleichen Größe oder größer kopieren.

2. Die gesamte Vorlage ritzen.

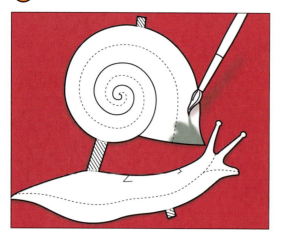

3. Jetzt nach Wunsch anmalen.

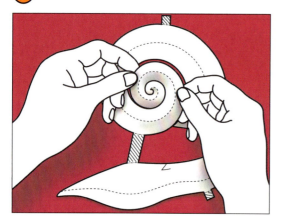

4. Die Ritzlinien vom mittleren Wirbel aus in einer kreisförmigen Bewegung vorsichtig umbiegen.

5. Diese Bewegung so lange wiederholen, bis der Wirbel tief genug ist.

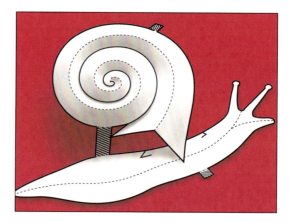

6. Die Kurven möglichst groß halten, damit sie zurückspringen können. Vorsichtig wiederholen.

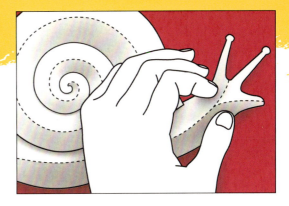

7 A nach vorn biegen und so das Haus mit dem Körper verbinden. An der in der Vorlage angezeichneten Stelle aufkleben.

9 Die Linien auf dem Schneckenkörper biegen. Den Kopf leicht einkneifen, damit er dreidimensional wirkt.

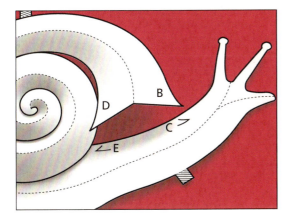

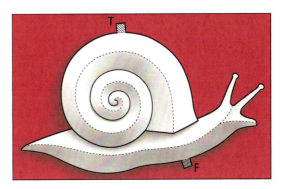

8 Punkt D von unten mit Klebstoff bestreichen. Bei E aufkleben. Trocknen lassen. Ebenso B auf C kleben. Trocknen lassen.

10 Die Schnecke aufstellen:
1. Die Laschen T und F unter die Schnecke falten.
2. Die Position von T mit dem Bleistift auf der Stellfläche anzeichnen.
3. Lasche T ausfalten und mit Klebstoff bestreichen. Lasche T einfalten und andrücken. Gründlich trocknen lassen.
4. Die Ritzlinien nachfalten, damit die Schnecke dreidimensional wirkt. Die neue Position der Lasche F auf der Stellfläche anzeichnen.
5. Lasche F ausfalten. Mit Klebstoff bestreichen. Wieder einfalten und an der angezeichneten Stelle andrücken.

GIRAFFE

★★★★

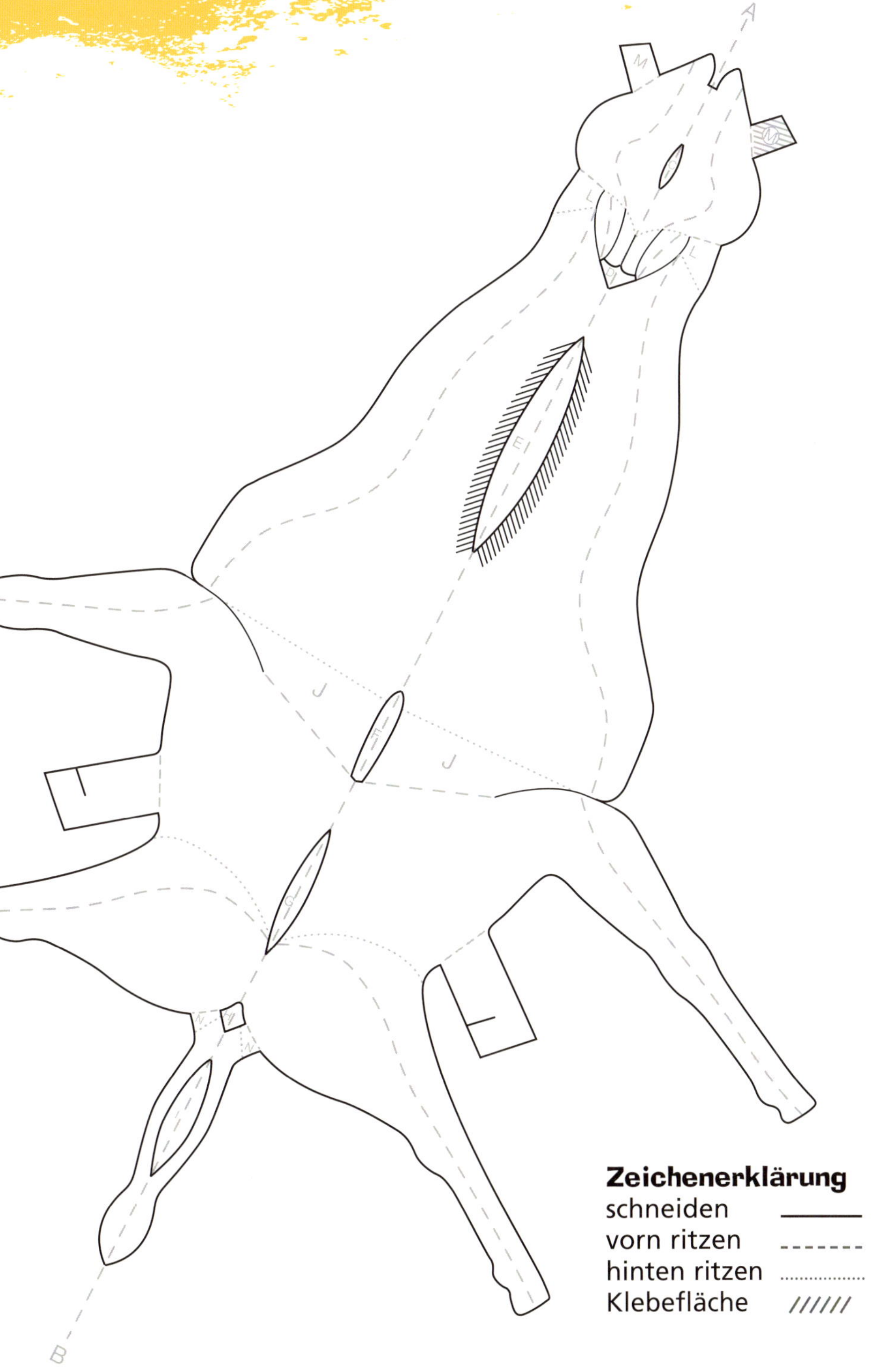

Material
Papier, 170 g/m²
Schere
Klebstoff
Farbe

Zeichenerklärung
schneiden ———
vorn ritzen - - - - - -
hinten ritzen ·········
Klebefläche //////

GIRAFFE

1 Die Vorlage in der gleichen Größe oder größer kopieren.

2 Die hinteren Ritzlinien übertragen.

3 AB ritzen und nach der Vorlage falten. Anreiben.

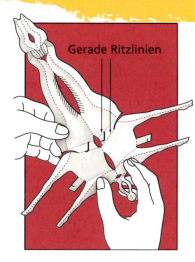
Gerade Ritzlinien

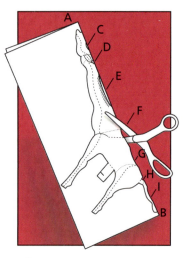

4 Das Papier gefaltet lassen. Die Teile C, D, E, F, G, H und I ausschneiden.

5 Die Mähne kurz schräg einschneiden.

6 Die Vorlage auseinanderfalten und ausschneiden. Ritzen.

7 Alle geritzten Linien sorgfältig biegen.

8 Vor allem auf die geraden Ritzlinien achten. Diese falten und anreiben.

9 Hals und Körper vorsichtig zusammendrücken und dabei den Hals nach oben biegen. Die Flächen J sollten sich nach innen biegen.

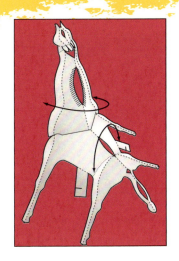

10 Langsam und sorgfältig weiterarbeiten, bis die Flächen J nach innen rutschen und nicht mehr sichtbar sind.

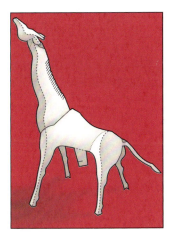

11 Weiterarbeiten, bis die Beine aufrecht stehen.

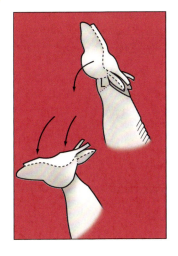

12 Die Halsnaht L falten und dabei den Kopf leicht nach unten drücken.

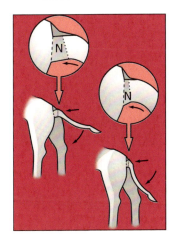

13 Die Schwanznaht N falten. Der Schwanz bewegt sich nach unten. Flach zusammenkneifen.

14 Zum Bemalen flach auslegen, ausmalen und trocknen lassen.

15 Die Ritzlinien noch einmal falten. Die Hörner und Ohren nach oben falten. Die Bauchlaschen einschieben. Die Figur aufstellen.

GALERIE

SKULPTUREN AUS EINEM BLATT PAPIER

Wollmammut
Diese Arbeit eignet sich gut, um mit Strukturen zu experimentieren. Das Fell wird mit einem scharfen Federmesser eingeschnitten. Dann werden mit dem Kopierrädchen weitere Strukturen hinzugefügt. Bei den Einschnitten in die Beine muss besonders vorsichtig vorgegangen werden, damit ihre Tragfähigkeit nicht eingeschränkt wird. Die Unterlage besteht aus mehreren gerissenen, zusammengeklebten Blättern. Das Mammut entstand aus einem einzigen Blatt Papier.

Pony
Dies ist ein besonders interessantes Werk, weil es flach ausgelegt werden kann. Wenn man auf den Sattel drückt, nimmt es die richtige Form an. Kaum zu glauben, dass eine so kompliziert aussehende Figur aus nur einem Blatt Papier gearbeitet werden kann. Fehlt nur noch der Reiter!

Bergziege
Die Kraft und Gewandtheit dieses Tieres kommt deutlich zum Ausdruck. Mit seinem langen, rein weißen Fell wirkt es sehr würdevoll. Die zahlreichen Fellstrukturen machen das Papier biegsamer. So kann der Körper geformt werden, ohne ihn ritzen zu müssen. Dadurch wirkt er auch runder.

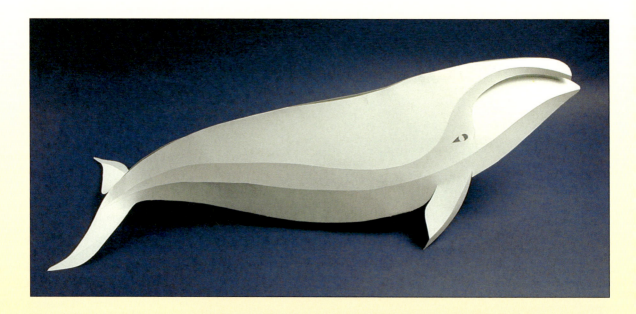

Blauwal
An diesem Beispiel ist deutlich zu sehen, dass der lange, stromlinienförmige Körper dieses mächtigen Tieres dem Leben in den Tiefen des Ozeans angepasst ist.

Krebs
Der Krebs mit den gefährlich aussehenden Scheren hat ein Außenskelett und ist damit ideal geeignet für eine Papierskulptur. Die Beine und der Körper werden in geometrische Formen zerlegt. Die gebogenen Ritzlinien formen den Rücken rund und halten die Form.

Adler mit Fisch
Der Adler mit einem Fisch in den Klauen und mit weit gespreizten Flügeln – das ist eine Skulptur voller Dramatik. Um das Ganze im Gleichgewicht zu halten, werden die Flügel von kleinen Streben hochgehalten und der Sockel ist mit einem Gewicht beschwert.

Fledermaus
Dies ist eine kompliziertere Ausführung der Fledermaus am Anfang dieses Buches. Mit den bisher erworbenen Fertigkeiten kann man experimentieren und auch eine eigene Variante dieser Arbeit entwickeln.

Grille

Diese Grille mit den haarfeinen Fühlern ist ein ganz besonderes Kunstwerk. Dafür muss mit einem sehr scharfen Federmesser gearbeitet werden. Besonders schwierig ist es, die drei Beinpaare aus nur einem Stück Papier zu entwickeln.

Drache

Dieser Feuer speiende Drache entstand aus der Kombination verschiedener Elemente. Vorbilder waren der chinesische Drache und der mittelalterliche europäische Drache. Die Strukturen wurden mit dem Kopierrädchen angebracht.

Dickhornschaf
Dieses Tier aus nur einem Blatt Papier mit Hörnern auszustatten, ist eine sehr große Herausforderung. Da es relativ klein ist (knapp 13 cm hoch), wurden an den Hörnern keine weiteren Details eingearbeitet. Bei einer größeren Vorlage kann man aber viele der Techniken aus diesem Buch anwenden.

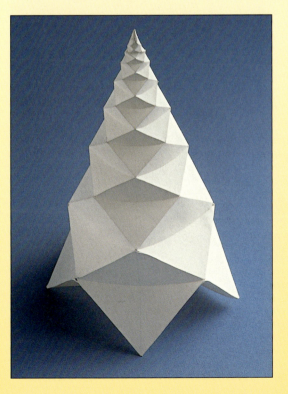

Konische Variation
Beim Experimentieren mit der Kegelform ist diese neue, interessante Variante entstanden. Trotz der verschiedenen Winkel wirkt sie aber immer noch kegelförmig.

Adler
Um den Kopf und die Federn dieses Adlers zu gestalten, muss man mit Formungstechniken und Ausschnitten arbeiten.

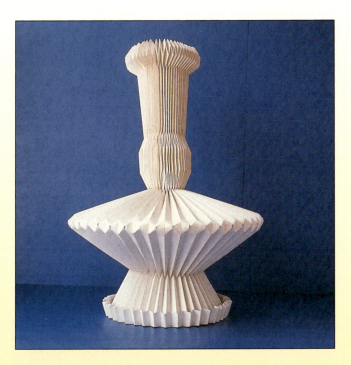

Laterne
Diese ungewöhnliche Laterne besteht aus dünnem, aber festem Papier. Sie wurde nicht geritzt. Stattdessen wurde ein Papierstreifen in verschiedene Winkel gefaltet, bis diese Form entstand. Die fertige Laterne kann in unterschiedlichen Variationen auseinandergezogen oder zusammengedrückt werden, sodass sich ihre Form ständig verändert.

Eule
Diese Eule mit den markanten Ohren ist ein eher unkompliziertes Werk. Ihr Kopf wurde mit der Zackenschere ausgeschnitten. Sie steht auf ihrem Schwanz und den Spitzen ihrer Flügel.

Schildkröte
Um diese Skulptur zu entwickeln, waren viele Versuche nötig. Denn der schwierigste Teil dieser Schildkröte besteht darin, die dreizehn Teile des Panzers zu gestalten, und zwar aus einem einzigen Stück Papier. Wenn sich dieses Muster schließlich ergibt, ist man überrascht, wie einfach es im Grunde gemacht werden kann.

Frosch
Papier kann man nicht dehnen, um Rundungen wie bei einer Kugel zu formen. Stattdessen muss man mit einer Kombination von Ritzlinien arbeiten, damit sich die Illusion eines gerundeten Froschkörpers ergibt.

Reiher
Reiher sind sehr anmutige Vögel, wenn sie auf ihren langen Beinen durchs Wasser stelzen und nach Fischen Ausschau halten. Hals und Kopf mit dem Fisch im Schnabel wurden nach unten gebogen. Das entlastet die Beine, die den Körper tragen und den Vogel im Gleichgewicht halten.

Triceratops
Der Kopfschild dieser Skulptur ist am schwierigsten herzustellen. Aber wenn es gelungen ist, die Figur zu gestalten, ist sie in ihrer Dimension sehr beeindruckend.

SKULPTUREN AUS MEHR ALS EINEM STÜCK PAPIER

Der Maharadscha
Diese stolze Figur besteht aus mehr als einem Stück Papier. Um dem Turban und dem Gewand ein echtes Aussehen zu verleihen, waren mehrere Versuche mit verschiedenen Falttechniken nötig. Der Maharadscha sitzt auf einem Elefanten, der hier aber nicht abgebildet ist.

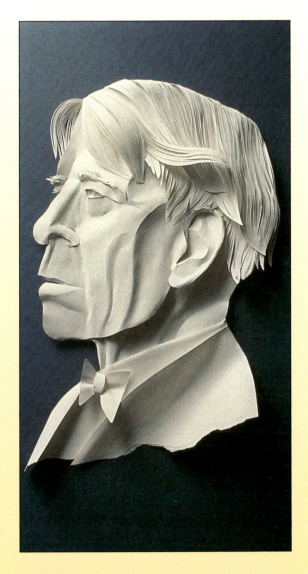

Cowboy
Diese Arbeit entstand aus drei Bogen Papier. Um die Nase so zur Geltung zu bringen, musste das Papier in die schmale Vertiefung auf der Oberlippe gefaltet werden. Das dreidimensionale Gesicht geht nach oben in den Hut über, die Krempe wurde aufgesteckt. Unten schließt das Gesicht mit dem Halstuch ab, das extra hinzugefügt wurde.

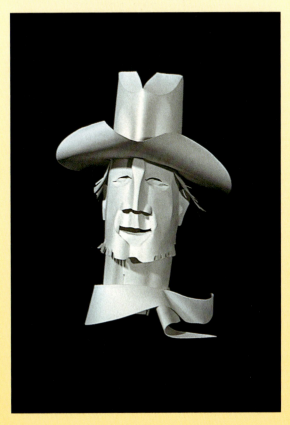

Porträt
Diese Skulptur ist ein 2,5 cm tiefes Relief und wurde mit den Techniken hergestellt, die in diesem Buch vorgestellt werden. Dazu waren mehrere Bogen Papier nötig. Das Gesicht besticht durch das kunstvoll herausgearbeitete markante Profil.

Glossar

anreiben Ein Lineal oder den Daumen über eine gerade Falzkante ziehen, damit sie besonders scharf wird.

falzen Das Papier wird mit einem stumpfen Werkzeug, etwa einer geschlossenen Schere, einem Tafelmesser oder einem harten Bleistift, geritzt. Die Fasern werden dabei nicht zerschnitten, sondern zusammengedrückt. Der Falz ist stabiler und lässt sich in beide Richtungen falten, ohne zu reißen.

hinten ritzen Das Papier wird auf der Rückseite geritzt.

Lasche Ein hervorstehender Papierstreifen, durch den ein Teil der Papierskulptur mit einem anderen verbunden wird.

ritzen Das Papier mit der Spitze einer Schere oder dem Federmesser anritzen, um es dann in einer geraden oder gebogenen Linie falten zu können.

strukturieren Die glatte Papieroberfläche wird mit einem Werkzeug, etwa dem Kopierrädchen, bearbeitet, sodass eine fühlbare Struktur entsteht.

vorn ritzen Das Papier wird auf der Vorderseite geritzt.

Tipps und Tricks

Frage: Warum lässt sich das Papier an der Ritzlinie nicht einfach falten?
Antwort: Vielleicht wurde es nicht tief genug geritzt. Mit etwas mehr Druck arbeiten.

Frage: Warum ist die Ritzlinie so schwach und biegt sich so leicht?
Antwort: Es wurde zu tief geritzt. Mit weniger Druck arbeiten.

Frage: Was kann ich tun, wenn ich das Papier aus Versehen durchschneide?
Antwort: Etwas transparentes Klebeband auf der Rückseite auf den Riss kleben.

Frage: Wie falte ich meine gebogenen Linien sauber um?
Antwort: Wenn das Papier richtig geritzt ist, muss es vorsichtig und in kleinen Abschnitten gefaltet werden. Nicht die ganze Linie auf einmal umfalten. Die Linie schrittweise von Anfang bis Ende falten und so lange wiederholen, bis das gewünschte Ergebnis erreicht ist. Geduld und Übung sind der Schlüssel zum Erfolg.

Frage: Wie arbeite ich mit Schmuckpapier, das zu dünn ist?
Antwort: Dünneres Papier kann mithilfe von Klebespray auf dickeres Papier kaschiert werden. Der Kleber wird auf das dickere Papier aufgetragen.

REGISTER

A
Adler mit Fisch 85
Adler 88

B
Bär 40
Bergziege 83
Blauwal 84

C
Cowboy 93

D
Dickhornschaf 87
Dinosaurier 65
Drache 86

E
Effilierschere 11
Eichhörnchen 51
Ente 58
Eule 89

F
Falten 15
Falten des Papiers 14
Falzen 13, 15
Falzen, Übungslinien 15
Fisch 36, 39
Federmesser 11, 13
Fledermaus 24, 85
Frosch 90

G
Galerie 82–93
Giraffe 78
Glossar 94
Grille 86
Grundtechniken 12

H
Hai 28

K
Känguru 70
Kaninchen 48
Klebeband 11
Klebstoff 11
Klebstoff auftragen 12
Konische Variation 87
Kopierrädchen 11
Krebs 84

L
Laterne 89

M
Maharadscha 92
Material 11

N
Natur als Vorbild 47
Nilpferd 43

P
Papier 11
Pfau 56
Pelikan 61
Pinnwand-Nadeln 11
Pony 83
Porträt 93

R
Reiher 91
Ritzen 13, 14

S
Salamander 23
Schere 11, 13
Schildkröte 90
Schlange 18, 21, 22
Schmetterling 27
Schnecke 74
Schneiden 13
Schwan 44
Schwertfisch 31

Schwierigkeitsgrade 10
Stegosaurus 66
Stifte 11

T
Tipps und Tricks 94
Triceratops 91
Truthahn 52
Tyrannosaurus Rex 62

U
Übertragen von Ritzlinien 12

V
Vorlagen kopieren 12

W
Wal 32
Wellenlinien falzen 16
Wollmammut 82

Z
Zeichenerklärung 10